1913 (Janvier 20)

20 Janvier 1913. N° 124

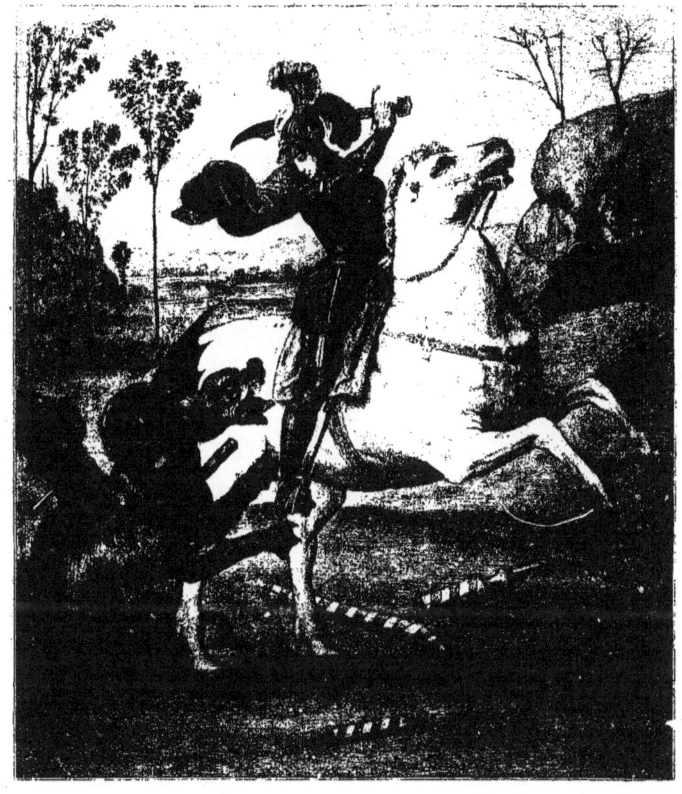

N° 574

ESTAMPES

ANCIENNES & MODERNES

Georges RAPILLY
Marchand d'Estampes de la Bibliothèque Nationale
9, Quai Malaquais, PARIS
Téléphone 725-16

CATALOGUE

D'ESTAMPES

ANCIENNES & MODERNES

en vente aux prix marqués

---

20 Janvier 1913

Georges RAPILLY
Marchand d'Estampes de la Bibliothèque Nationale
9, Quai Malaquais, PARIS
Téléphone 725-16

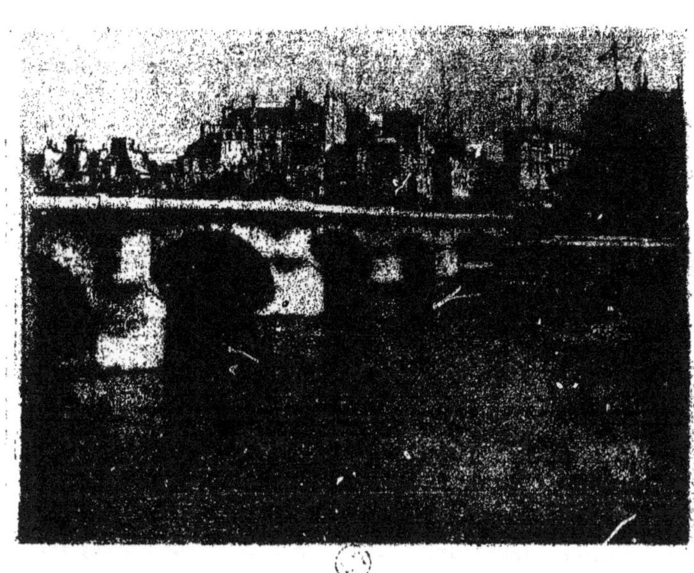

N° 462

AIFFRE (d'après)

448. Portrait de Mgr Affre, archevêque de Paris, gravé à l'aqua-teinte, par Desmadryl. Grand in-folio en hauteur. . . . . 10 fr.

AMÉRIQUE (Pièces sur l')

449. The Tea-Taxe Tempest, or the Anglo-American Revolution. Orage causé par l'impôt sur le thé en Amérique, 1778. In-folio en largeur. 40 fr.

Belle épreuve, légèrement tachée.

AUBERT (J.)

450. Claude Gillot, d'après lui-même. In-folio en hauteur. 40 fr.

Très belle épreuve, avant toute lettre, sans marges sur trois côtés.

AUDRAN (Gérard)

451. Saint-Paul et Saint-Barnabé prêchent et font des miracles en la ville Lystre, d'après Raphaël. Grand in-folio en largeur. . . . . 8 fr.

Belle épreuve, petites marges.

AUDRAN (Gérard)

452. Le Buisson ardent, d'après Raphaël. Grand in-folio en largeur. . . . . 5 fr.

AUDRAN (Jean)

453. Antoine Coyzevox, sculpteur du roi, d'après H. Rigaud. In-folio en hauteur. . . . . . 20 fr.

BARTOLOZZI (François)

454. Les Quatre Éléments, d'après l'Albane, 1796. Suite de 4 pièces de forme ronde. Grand in-folio en hauteur. . . . . 40 fr.

Belles épreuves, avec marges, montées en dessins.

455. La Circoncision, d'après Le Guerchin. Grand in-folio en hauteur. . . . . 15 fr.

Très belle épreuve avant la lettre, petites marges, montée en dessin.

BAUDOUIN (d'après P. A.)

456. Perrette, gravée par H. Guttenberg. Petit in-folio en haut . . . . 300 fr.

Très belle épreuve, petites marges.

BÉATRIZET

457. Le Combat de la Raison et de l'Amour, d'après Bandinelli, 1545, (B. 44). In-folio en largeur . . . . 10 fr.

Épreuve doublée, elle manque de conservation.

458. L'Océan, d'après une statue antique, (B. 97). In-folio en largeur. . . . . 8 fr.

BÉJOT (Eug.)

459. Le Quai du Louvre, à Paris, 1892. Eau-forte. In-fol. en largeur. . . . . 50 fr.

Belle épreuve sur papier de Hollande, signée.

460. Le Pont Solférino, à Paris, 1892. Eau-forte. In-fol. en larg. . . . . 50 fr.

Belle épreuve sur papier bleuté, signée.

BÉJOT (Eug.)

461. Le Palais d'Orsay, à Paris, 1904. Eau-forte. In-fol., en larg. . . . . 50 fr.

Belle épreuve sur papier de Hollande, signée.

462. Vue du Pont-Neuf, à Paris, 1905. Eau-forte. In-fol., en larg. . . . . 50 fr.

Belle épreuve sur papier du Japon, signée.

463. Montmartre. Eau-forte. In-fol., en haut. 50 fr.

Belle épreuve sur papier ancien bleuté, signée.

464. Le Jardin des Tuileries, à Paris, 1906. Eau-forte. In-fol., en larg. . . . . 40 fr.

Belle épreuve sur papier du Japon, signée.

BERVIC

465. L'Enlèvement de Déjanire — L'Éducation d'Achille. 2 pièces gravées au burin, d'après Guido Reni et Regnault. In-fol., en haut. . . 40 fr.

Belles épreuves avec marges ; quelques piqûres.

BESNARD (Albert)

466. Études de têtes, eau-forte; in-folio, en largeur . . . . 30 fr.

Belle épreuve, signée (tiré à 100 exemplaires).

BOILLY (d'après)

467. Défends-moi, gravé par Petit. In-folio, en largeur . . . . 50 fr.

Bonne épreuve, avec marges.

BONNAT (d'après L.)

468. Portrait de Victor Hugo à mi-corps, assis dans son cabinet, gravé par Léopold Massard, In-folio en hauteur. . . . . 10 fr.

Belle épreuve sur papier de Chine.

469. Portrait de Jules Grévy, debout, à mi-jambes, gravé par Laguillermie, 1880. Grand in-folio, en hauteur. . . . . 10 fr.

Très belle épreuve avant la lettre sur Chine, signée.

BOUCHER (d'après François)

470. La Marchande de Modes, gravé par R. Gaillard. In folio, en hauteur . . . . 100 fr.

Belle épreuve, petites marges.

471. Tête d'un mendiant, gravé à la manière du crayon, par Louis Bonnet. In-folio, en hauteur. 20 fr.

Belle épreuve imprimée en sanguine, avec marges.

472. Frontispices ornés de figures allégoriques. Deux pièces gravées par Beauvais et Aubert. Grand in-folio, en hauteur. . . . . 20 fr.

BBACQUEMOND (Félix)

473. L'Inconnu (H. B. 174) In-folio, en largeur. 8 fr.

474. Un déterrage de blaireau (H. Béraldi 176). In-folio, en hauteur . . . . 35 fr.

Belle épreuve du 2e état, avant la lettre, avec marges.

CALAMATTA

475. Portrait en buste de Francisco de Asiz, mari de la reine Isabelle d'Espagne, d'après Madrazo. Grand in-folio, en hauteur. . . . . 12 fr.

Belle épreuve avant la lettre.

CALLET et ROSLIN (d'après)

476. Louis Seize et Marie-Antoinette en pied, costumes de cour. Deux pièces grand in-folio, en hauteur, gravées par Bervic et Barth Roger. . . . . 40 fr.

Tirage moderne.

477. Les mêmes portraits . . . . 70 fr.

Belles épreuves coloriées.

CALLOT (Jacques)

478. Le Passage de la Mer rouge (M. 1). In-4 en largeur . . . . 15 fr.

Très belle épreuve du 1er état. Petites marges.

479. Le Massacre des Innocents, 1re planche (M. 5). Pièce ovale, in-8 . . . . 20 fr.

Très belle épreuve du 1er état, avant toute lettre.

CALLOT (Jacques)

480. La Vie de la Sainte-Vierge (M. 76-89). Suite complète de 14 estampes, y compris le frontispice, in-12. . . . . 70 fr.

Belles épreuves du 1er état avant les numéros. Petites marges.

481. Jésus-Christ en croix entre les deux larrons (M. 94). Gravure au trait, in-12. . . . . 20 fr.

Belle épreuve, petites marges.

482. St Livier (M. 98). In-12, en haut. . . . . 12 fr.

Belle épreuve, petites marges.

483. Le Sauveur, la Ste Vierge, les douze Apôtres et St Paul l'apôtre des nations, en pied (M. 104-119). Suite complète de 16 pl. y compris le titre, in-8 . . . . 120 fr.

Très belles épreuves du 1er état, avant les numéros. Marges.

484. Le Martyre des Apôtres (M. 120-135). Suite complète de 16 pièces, in-12. . . . . 50 fr.

Belles épreuves du 1er état avant les numéros. Marges.

485. Le Martyre de St Sébastien (M. 137). In-fol., en larg. 30 fr.

Très belle épreuve du 1er état, avant l'adresse de Silvestre.

486. La Tentation de St Antoine (M. 139). Gr. in-fol., en larg. . . . . 80 fr.

Très belle épreuve avant la raie dans le ciel. Petites marges.

487. St Nicolas ou St Séverin (M. 140). In-fol., en largeur . . . . 50 fr.

Très belle épreuve du 2e état, avant l'adresse de Silvestre. Grandes marges.

488. Le Miracle de St Mansuy (pièce appelée la Raquette). (M. 141). In-fol., en larg. . . . . 40 fr.

Très belle épreuve, petites marges.

489. Les Martyrs du Japon (M. 155). In-4., en haut. 30 fr.

Très belle épreuve du 1er état, avant l'adresse de Silvestre ; coin déchiré.

CALLOT (Jacques)

490. La grande Thèse, dite « énigmatique », (M. 615). Grand in-folio, en hauteur . . . . . . 25 fr.

491. La Carrière ou la rue Neuve de Nancy (M. 621). Gr. in-fol., en larg. . . . . 80 fr.

Très belle épreuve du 1er état, avant l'adresse de Silvestre. Petites marges.

492. Balli ou Cucurucu (M. 641-664). Suite complète de 24 pièces in-8 . . . . 125 fr.

Belles épreuves du 1er état, avant les numéros.

CANALETTI (d'après Antoine)

493. Vues de Venise, 4 pièces grand in-folio, gravées par Antoine Visentini. . . . . 40 fr.

CARESME (d'après Philippe)

494. Le Philosophe charitable, gravé par Voyez l'Aîné. In-folio, en hauteur. . . . . 60 fr.

Très belle épreuve, avec marges.

CARICATURES

495. Caricatures de l'époque révolutionnaire, 2 pièces gravées par Lewis, d'après F. G. Byron, publiées à Londres. In-folio, en largeur. . . . . 30 fr.

Épreuves coloriées, le titre coupé.

496. Innocents amusements. 6 pièces publiées à Londres en 1827, imprimées sur 3 feuilles. In-folio, en largeur. . . . . 30 fr.

Épreuves coloriées.

CARS (Laurent)

497. Michel Anguier, sculpteur du roi, d'après G. Revel, 1733. In-folio, en hauteur. . . . . 20 fr.

CATHELIN (Louis-Jacques)

498. Nicolas Piccini, compositeur italien, d'après Robineau. In-folio, en hauteur. . . . . . 10 fr.

Belle épreuve, petites marges.

CATHELIN (Louis-Jacques)

499. J. J. Baléchou, graveur, d'après Arnavon. Petit in-folio, en hauteur. . . . . 10 fr.

Belle épreuve, avec marges.

CHALLES (d'après Simon)

500. Chaire de la paroisse de St Roch, gravé par E. Fessart, 1761. In-folio, en hauteur. . . . . 40 fr.

CHAMPAIGNE (d'après Ph. de)

501. La mère Arnaud et la sœur Catherine de Sainte-Suzanne, gravé par Bellay. Grand in-folio, en largeur. . . . . 10 fr.

Belle épreuve, avant la lettre, sur papier de Chine, signée.

CHARDIN (d'après J.-B. Siméon)

502. Le Peintre, gravé par Surugue fils. In-folio, en haut . . . . 60 fr.

Très belle épreuve, avec marges.

503. La Mère laborieuse, gravé par Lépicié. In-folio, en haut. . . . . 125 fr.

Belle épreuve, petites marges.

504. Le Négligé ou la Toilette du matin, à Paris chez Crepy. Petit in-folio, en hauteur . . . 30 fr.

Belle épreuve, avec marges.

CHEFFER (Henri)

505. Kairouan (Tunisie). Eau-forte. In-fol., en largeur. . . . . 75 fr.

Très belle épreuve tirée sur papier jaune, numérotée et signée. (Tirée à 50 épreuves.)

506. Rue de Sidi-Okba (Algérie). Eau-forte. In-4, en larg. . . . . 50 fr.

Très belle épreuve numérotée et signée. (Tirée à 50 épreuves.)

507. Bruges. Eau-forte. In-4, en larg. . . . . 50 fr.

Très belle épreuve numérotée et signée. (Tirée à 50 épreuves.)

508. Tête de Bretonne. Eau-forte. In-4, en haut. 50 fr.

Très belle épreuve numérotée et signée, tirée à 50.

CIPRIANI (d'après J.-B.)

509. Têtes de femmes et d'enfants, gravé par Richard Earlom, 1787. In-folio, en largeur . . . 30 fr.

Belle épreuve imprimée en noir et sanguine.

COCHIN (Charles-Nicolas)

510. Jacques Sarazin l'Aîné, sculpteur du roi, 1731. In-folio, en hauteur. . . . . 15 fr.

Belle épreuve, avec marges.

COCHIN FILS (d'après C.-N.)

511. Vue perspective de la Décoration élevée sur la terrasse du château de Versailles, à l'occasion de la naissance du duc de Bourgogne, 1751, gravé par Marvie et Ouvrier. Grand in-folio en largeur. . . . . 20 fr.

Belle épreuve, à toutes marges.

512. La charmante catin, gravé par Madeleine Cochin. Petit in-folio, en hauteur . . . . 25 fr.

Belle épreuve, petites marges.

513. Licurgue blessé dans une sédition, gravé à la manière du crayon, par Demarteau, 1760. In-folio, en largeur. . . . . 20 fr.

Belle épreuve imprimée en sanguine, le bas de la légende est coupé.

COLIBER (d'après F.)

514. L'Heureuse Jeannette, gravé par J. Maillet. In-folio, en hauteur. . . . . 25 fr.

Belle épreuve, avec marges.

COLSON (d'après)

515. L'Action, gravé par N. Dupuis. In-folio, en hauteur. 30 fr.

Très belle épreuve montée en dessin.

COROT (J. B. C.)

516. Le Fort détaché (D. 32). Autographie. Petit in-in-folio, en largeur. . . . . 400 fr.

Très belle et rare épreuve d'une pièce tirée à cent exemplaires.

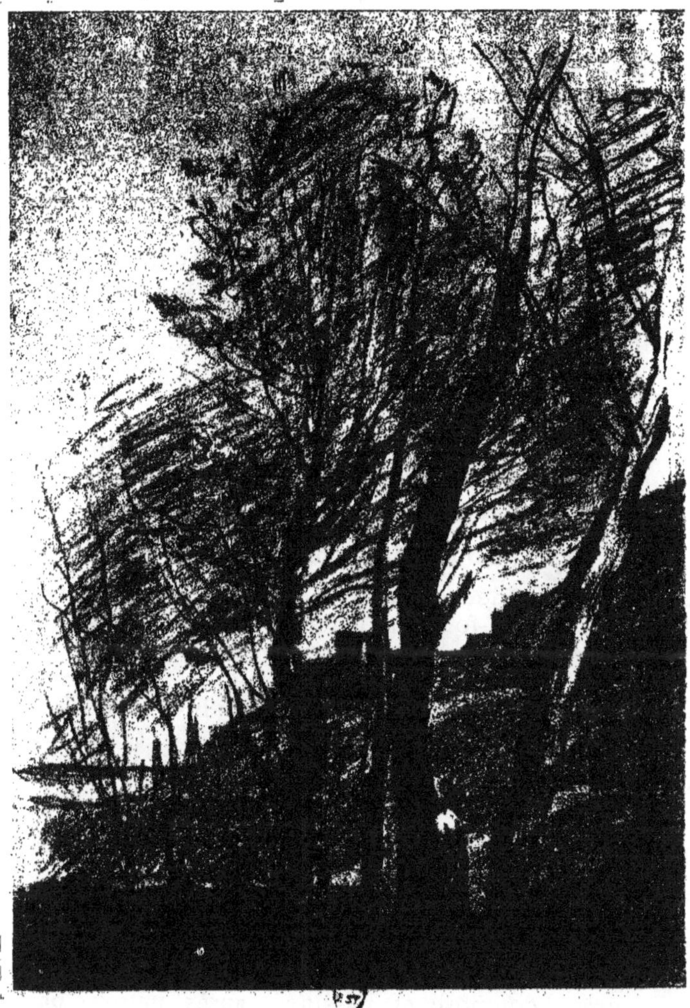

N° 517

COROT (J. B. C.)

517. La Lecture sous les arbres (D. 33). Autographie, petit in-folio, en hauteur. . . . . . . 400 fr.

Très belle et rare épreuve d'une pièce tirée à 100 exemplaires.

COSSIN (L.)

518. Portrait de Louis XIV, roi de France, 1682. Buste fort comme nature. Gr. in-fol. . . . . 200 fr.

Très belle épreuve d'une pièce rare non citée par Didot ; marges.

COUTURE (d'après Th.)

519. Portrait de Michelet, en pied, assis dans son cabinet, gravé par Louis Le Nain. Grand in-folio, en hauteur . . . . 10 fr.

Belle épreuve, avant la lettre, sur papier du Japon, signée.

COYPEL (d'après Antoine)

520. Zéphir et l'Amour, gravé par Benoît Audran. Petit in-folio, en hauteur. . . . . 20 fr.

Belle épreuve, petites marges.

COYPEL (d'après N.)

521. L'Alliance de Bacchus et de Vénus, P. Duverbrec excudit. In-folio, en hauteur. . . . . . 25 fr.

DAUBIGNY (Ch. F.)

522. Le Moulin, d'après Jean Pinas; in-4, en largeur. . . . . 8 fr.

523. Le Gué, eau-forte. In-folio, en largeur. . 3 fr.

Belle épreuve, avec marges.

DEBUCOURT (Ph.)

524. Collection complète des différents genres de Voitures dont les Russes se servent dans leur empire, et particulièrement à Saint-Pétersbourg, pendant les diverses saisons de l'année. Ouvrage composé et dessiné d'après nature, par M. F. Damame-Démartrait, peintre. Gravé par Ph. Debucourt. *St Pétersbourg et Paris*, 1806, gr. in-fol., demi-maroq. vert avec coins, dos orné, tête dorée, monté sur onglets, couverture conservée. . . . . 900 fr.

Deux suites complètes de huit pièces chacune, dont une coloriée, l'autre noire du 2e des 4 états, avec la lettre blanche et avant la mention du dépôt. Très rare en cet état, avec la couverture imprimée, le titre, la dédicace et l'explication des planches.

DECAMPS (A. G.)

525. Village de Turquie (M. 19). Petit in-folio en largeur. . . . . 5 fr.

Belle épreuve sur papier de Chine, à grandes marges.

DE FRAISNE (d'après Jean)

526. L'acte d'humanité, gravé par R. de Launay le Jeune. In-folio en largeur. . . . . . . 30 fr.

DELACROIX (Eugène)

527. Le Christ au roseau, 1833 (D. 14). Eau-forte. In-8, en hauteur. . . . . 5 fr.

Belle épreuve tirée sur papier de Chine.

528. Recueil de six eaux-fortes publiées en 1865, par Cadart et Luquet (D. 16-21). Suite de 6 eaux-fortes, in-folio . . . . 60 fr.

Belles épreuves, à grandes marges.

529. Un Seigneur du temps de François Ier (D. 16). In-4, en hauteur. . . . . 20 fr.

Très belle épreuve du 2e des 5 états, avant la lettre.

530. La même estampe . . . . 10 fr.

Belle épreuve du 3e des 5 états, avec la lettre, mais avant l'adresse Veuve Fatout.

531. Un Homme d'armes (D. 17). In-8, en hauteur. . . . . 15 fr.

Belle épreuve du 1er état, avant la lettre, grandes marges.

532. Juive d'Alger, 1833 (D. 18). In-4, en hauteur. 10 fr.

Belle épreuve du 3e état, avant l'adresse de Veuve Fatout.

533. Arabes d'Oran (D. 20). In-4, en largeur. 20 fr.

Belle épreuve du 4e des 6 états, grandes marges.

534. La même estampe . . . . 10 fr.

Belle épreuve du 6e état.

535. Tigre couché dans le désert (D. 24). Eau-forte. In-8, en largeur . . . . 8 fr.

DELACROIX (Eugène)

536. Faust (D. 57-74). Suite complète de 1 portrait et 17 lithographies in-folio. . . . . 75 fr.

Belles épreuves avec l'adresse de Villain ; marges inégales, quelques taches.

537. La même suite . . . . 50 fr.

Bonnes épreuves avec l'adresse de Goyer et Hermet.

538. Macbeth consultant les sorcières (D. 40). In-folio, en hauteur. . . . . 5 fr.

Bonne épreuve du tirage de l'*Artiste*.

539. Feuille de douze médailles antiques (D. 47). Lithographie in-folio, en largeur . . . . . . 5 fr.

Bonne épreuve tirée en sanguine.

540. Fronte-Bœuf et les Juifs (D. 85). Lithographie petit in-folio, en largeur . . . . 30 fr.

Belle épreuve du 2e état, sur papier de Chine.

541. Jeune tigre jouant avec sa mère (D. 91) Lithographie in-4°, en largeur. . . . . 30 fr.

Très belle épreuve du 1er état, avec l'adresse de Delaunois.

542. La même estampe. . . . . 5 fr.

Bonne épreuve du 6e état à grandes marges.

543. Le jeune Clifford, trouvant le corps de son père (D. 99). Lithographie in-4°, en largeur . 3 fr.

544. Juive d'Alger et une rue à Alger (101-102). In-folio, en hauteur. . . . . 6 fr.

Belle épreuve du 3e état avec l'entourage ornemental et l'adresse de Rigo frères.

545. Lion dévorant un cheval (D. 126). Lithographie petit in-folio, en largeur. . . . . 30 fr.

Belle épreuve du 4e état, sur papier de Chine, à grandes marges.

DELLA BELLA (Stéphane)

546. La Perspective du Pont-Neuf de Paris, 1646. Grand in-folio en largeur. . . . . 60 fr.

Belle épreuve, doublée, montée en dessin.

DEMARTEAU (G.)

547. Tête de vieillard à grande barbe, d'après Doyen. In-folio, en hauteur. . . . . 30 fr.

Trés belle épreuve aux trois crayons, sans marges.

DESMOULIN (F.)

548. Portrait du maréchal Canrobert, gravé à l'eau-forte par Desmoulin, à mi-corps, en grande tenue. In-folio, en hauteur. . . . . 40 fr.

Belle épreuve, avant la lettre, sur papier du Japon, collée en plein.

549. Portrait de Scheurer-Kestner, en buste, gravé à l'eau-forte par F. Desmoulin. In-folio, en hauteur. . . . . 35 fr.

Très belle épreuve, avant la lettre, avec remarque, sur papier du Japon.

550. Portrait du docteur Charcot, gravé à l'eau-forte par Desmoulin. In-folio, en hauteur. . . 40 fr.

Belle épreuve, avant la lettre, avec remarque, sur papier du Japon.

551. Portrait de Waldeck-Rousseau, debout, à mi-corps, gravé à l'eau-forte par F. Desmoulin. In-folio, en hauteur. . . . . 40 fr.

Très belle épreuve, sur parchemin, signée.

DESPORTES (d'après F.)

552. Chasse au sanglier. Chasse au loup. Deux pièces se faisant pendants, gravées par Joullain. In-folio, en largeur. . . . . 40 fr.

Tirages postérieurs.

DESROCHERS (E.)

553. François Poërson, peintre, d'après N. de Largillière, 1723. In-folio en hauteur. . . . . 20 fr.

Belle épreuve, avec marges.

DE TROY (d'après)

554. Jupiter en pluie d'or, gravé par J. Daullé. In-folio, en largeur. . . . . 35 fr.

Très belle épreuve, avec marges.

DE TROY (d'après)

555. Suzanne et les Vieillards, gravé par Laurent Cars. In-folio, en hauteur. . . . . 30 fr.

Très belle épreuve, petites marges.

DREVET (Pierre)

556. André Félibien, historiographe du roi, d'après Ch. Lebrun. In-4°, en hauteur. . . . . 10 fr.

Belle épreuve, sans marges.

557. Jean Forest, peintre, d'après N. de Largillière. In-folio, en hauteur. . . . . 8 fr.

Belle épreuve, légèrement jaunie.

558. Hyacinthe Rigaud, peintre du roi, 1703. In-folio, en hauteur. . . . . 10 fr.

Belle épreuve, sans marges, cassures restaurées.

DUCHANGE (Gaspard)

559. François Girardon, sculpteur du roi, d'après H. Rigaud, 1707. In-folio, en hauteur. . . . 10 fr.

Belle épreuve, sans marges.

DURER (Albert)

560. La Vierge donnant le sein à l'Enfant-Jésus, 1512 (B. 36). In-8, en haut. . . . . 200 fr.

Très belle épreuve.

561. La Vierge au Singe (B. 42). In-4, en haut. 150 fr.

Très belle épreuve doublée, manque de conservation.

EARLOM (Richard)

562. The Royal Academy of Arts, instituted by the King, in the year 1768, d'après Zoffani 1773. Gravure à la manière noire. Grand in-folio en largeur. . . . . 40 fr.

Curieuse pièce, donnant les portraits des différents artistes anglais de la fin du XVIIIe siècle : Zoffani, Gwyn, Cipriani, West, Chambers, Reynolds, Bartolozzi, Wilson, Cosway, etc.

EDELINCK (Gérard)

563. Sainte-Madeleine, d'après Ch. Le Brun (Robert Dumesnil 32). Grand in-folio, en haut. 60 fr.

Belle épreuve, sans marges, montée en dessin.

EDELINCK (Gérard)

564. Evariste Ghérardi, comédien italien (Arlequin), d'après Vivien. In-8, en hauteur. . . . 5 fr.

Belle épreuve, remargée.

565. Claude Perrault, architecte, d'après Vercelin. In-4°, en hauteur. . . . . 8 fr.

Belle épreuve, avec marges.

566. François Tortebat, peintre du roi, d'après Roger de Piles. In-folio, en hauteur. . . . . 30 fr.

Très belle épreuve, avec marges.

567. Jean Varin, graveur français. In-4°, en haut. 5 fr.

EDELINCK (N.)

568. Gérard Edelinck, graveur du Roi, d'après Tortebat. In-folio, en hauteur. . . . . . . 30 fr.

Belle épreuve, sans marges.

569. Nicolas Vérien, graveur, 1685, d'après Jouvenet. In-8, en hauteur. . . . . 15 fr.

Belle épreuve, avec marges.

FERDINAND (L.)

570. Nicolas Poussin, peintre. In-4°, en haut. 40 fr.

Très belle épreuve, avec marges.

FRAGONARD (d'après H.)

571. Penses-y-bien (Un homme montrant une tête de mort), gravé à la manière du crayon par Demarteau. In-folio, en hauteur. . . . . . . 20 fr.

Très belle épreuve, imprimée en sanguine.

FREUDEBERG (d'après S.)

572. Le galant chirurgien, gravé par Trière. In-folio, en hauteur . . . . 60 fr.

Belle épreuve, montée en dessin.

573. La Complaisance maternelle, gravé par N. de Launay. . . . . 20 fr.

Belle épreuve, à grandes marges, d'un tirage postérieur.

GAILLARD (Ferd.)

574. Saint-Georges, d'après Raphaël. In-folio, en hauteur. . . . . 150 fr.

Superbe épreuve, avant toute lettre, sur papier de Chine. Dédicace signée.

575. Les Pélerins d'Emmaüs, d'après Rembrandt. In-folio, en hauteur. . . . . 60 fr.

Très belle épreuve, avant la lettre, sur papier de Chine.

576. Portrait du Pape Pie IX. In-fol., en haut. 50 fr.

Superbe épreuve sur papier de Chine, avant l'adresse de l'auteur.

577. Le même portrait. . . . . 10 fr.

Belle épreuve sur papier de Chine, avec l'adresse de l'auteur.

578. Louis-Edouard Pie, évêque de Poitiers, in-4°, en hauteur. . . . . 10 fr.

Belle épreuve, grandes marges.

579. Le Condottière, portrait d'après Antonello de Messine. In-8, en hauteur. . . . . . . 10 fr.

Belle épreuve sur papier de Chine.

580. La Joconde, d'après Léonard de Vinci. In-fol., en hauteur. . . . . 20 fr.

Belle épreuve sur papier de Chine d'une gravure restée inachevée, tirée à 125 épreuves numérotées.

GÉRARD (d'après le baron).

581. Portrait de Napoléon Ier, en pied, en costume de sacre, gravé par Boucher-Desnoyers. Grand in-folio, en hauteur. . . . . 20 fr.

Tirage moderne, sur papier de Chine.

582. Portrait de Louis XVIII, en pied, assis dans son cabinet, gravé par F. Girard. Grand in-folio, en largeur. . . . . 5 fr.

Épreuve pliée et restaurée.

583. La duchesse de Berry et ses enfants. Grand in-folio, en hauteur . . . . 10 fr.

Belle épreuve, avant la letttre, à grandes marges.

GÉRARD (d'après le baron)

584. Portrait de la marquise Visconti, en pied, dans un paysage, gravé par Ch. de Billy. Grand in-folio en hauteur. . . . . 12 fr.

Belle épreuve, avant la lettre, sur papier du Japon, signée.

GHISI (Diana)

585. L'appareil pour les noces de Psychée, d'après Jules Romain. Estampe grand in-folio en 3 feuilles, en largeur. . . . . 30 fr.

GHISI (Georges)

586. Saint-Paul dans l'école d'Athènes, d'après Raphaël, 1550. Grand in-folio, en largeur. 10 fr.

587. La perfide Sinon venant faire une fausse confidence aux Troyens au sujet du cheval de bois, d'après Mantouan (B. 28). In-folio, en largeur . . . . 10 fr.

Épreuve doublée.

GODEFROY (J.)

588. Portrait de l'Impératrice Marie-Louise, en pied, dans un paysage ; dessiné et gravé par J. Godefroy, 1810. Grand in-folio, en hauteur. 75 fr.

Très belle épreuve, avant la lettre, avec marges.

GROS (d'après le Baron)

589. Bonaparte à la bataille des Pyramides, gravé par Vallot. Grand in-folio, en hauteur. . . 50 fr.

Très belle épreuve, avant la lettre, avec marges, montée en dessin.

GUARDI (d'après François)

590. Vues de Venise, gravées à l'eau-forte par D. Valesi. Deux pièces in-folio, en largeur. 20 fr.

HAID (J. Jac)

591. L'accord de mariage, gravé à la manière noire par Haid. In-folio, en hauteur. . . . . 20 fr.

592. Le Lecteur, gravé à la manière noire par Haid. In-folio, en hauteur. . . . . 20 fr.

HÉBERT (d'après Ernest)

593. Portrait du prince Jérôme Napoléon, debout, à mi-corps, gravé par C. V. Normand. Grand in-folio, en hauteur. . . . . 8 fr.

Belle épreuve, avant la lettre.

HELLEU (Paul)

594. Jeune femme à la barre. Pointe sèche. In-folio, en hauteur. . . . . 40 fr.

Belle épreuve, signée, sans marges.

595. Jeune femme étendue sur un canapé et dormant, un chien sur ses genoux. Pointe sèche. In-folio, en largeur. . . . . 60 fr.

Belle épreuve tirée en sanguine, signée.

HERSENT (d'après)

596. Louis XVI secourant les malheureux, gravé par Pierre Adam, 1822. Grand in-folio, en largeur . . . . 15 fr.

Belle épreuve sur papier de Chine, avant la lettre, à toutes marges.

597. Portrait de Louis-Philippe, en pied, en grand costume, gravé à l'aqua-teinte, par Girard, 1832. Grand in-folio, en hauteur . . . . . . 10 fr.

Très belle épreuve, avant la lettre.

INGRES (d'après)

598. Portrait de L. F. Bertin, à mi-corps, assis dans un fauteuil, gravé par Henriquel-Dupont. In-folio, en hauteur. . . . . 25 fr.

Très belle épreuve, avant la lettre, sur papier de Chine, signée.

JÉAURAT (d'après)

599. La Petite Jalouse, gravé par R. Gaillard. In-4°, en hauteur. . . . . 25 fr.

JONGKIND

600. Canal de Hollande, près de Rotterdam (Hiver). In-fol., en larg. . . . . 20 fr.

Belle épreuve avec l'adresse de Cadart.

KAUFFMAN (d'après Angelica)

601. Achilles discovered by Ulysses, gravé par Facius, 1786. Grand in-folio, en largeur. . . . 50 fr.

Très belle épreuve, montée en dessin.

602. Abelard and Eloisa Surpris'd by Fulburd, gravé par Scorodomoff. Pièce de forme ronde. In-folio, en hauteur. . . . . 90 fr.

Belle épreuve, imprimée en sanguine.

KLAUBER (J. S.)

603. Cristophe-Gabriel Allegrain, sculpteur du roi, d'après Duplessis, 1787. In-folio, en hauteur. . . . . 15 fr.

Belle épreuve, à grandes marges, petite tache.

KOBELL (d'après Guillaume)

604. Troupes françaises en marche, gravé à l'eau-forte. par Adam Bartsch, 1800. In-folio, en largeur. . . . . 150 fr.

Très belle épreuve, soigneusement coloriée.

KRAUS (d'après)

605. Le Moment dangereux, gravé par Voyez le Jeune et Feigl. In-folio, en hauteur . . . . . 60 fr.

Très belle épreuve, petites marges.

LAMI (Egène)

605 *bis*. Les Contretemps, suite de 24 lithographies coloriées publiées en 1823 et 1824, petit in-4° oblong, demi-rel . . . . 150 fr.

Belles épreuves d'une série rare. Quelques cassures, une des planches est détachée de la reliure et remontée.

LAPLACE (Gaston)

606. Portrait de la mère de Rembrandt, d'après le peintre du Musée de l'Ermitage à Saint-Pétersbourg. Gr. in-fol., en haut. . . . . . 75 fr.

Très belle épreuve sur papier du Japon, signée.

607. Château de la Reine Blanche à Chantilly. Eau-forte. Petit in-fol., en haut. . . . . . 45 fr.

Très belle épreuve, signée.

LAPLACE (Gaston)

608. Moulin de la Mue (Calvados). Eau-forte. In-folio, en largeur. . . . . 60 fr.

Très belle épreuve, signée.

609. Pont-en-Royans (Dauphiné). Eau-forte. In-fol., en larg. . . . . 45 fr.

Très belle épreuve avec remarque, signée.

LARMESSIN (Nicolas de)

610. Philippe Vleughels, peintre, d'après Ph. de Champagne, 1732. In-folio, en hauteur. . . . 10 fr.

Belle épreuve, à grandes marges.

LE BAS (J. P.)

611. Robert le Lorrain, sculpteur du roi, d'après Drouais, 1730. In-folio, en hauteur. . . 15 fr.

Belle épreuve, avec marges.

LE BRUN (d'après)

612. La Sultane infidèle ou l'Amour vainqueur de la jalousie, gravé par Voysard. Petit in-folio, en hauteur. . . . . 25 fr.

Belle épreuve, avec marges.

LE CLERC (A.)

613. Pierre Pomet, marchand-droguiste et épicier à Paris. In-folio en hauteur. . . . . 5 fr.

LE FÈBVRE (Claude)

614. Charles Patin, médecin et numismate, 1662. Petit in-folio, en hauteur . . . . 5 fr.

LEFORT (Henri)

615. Portrait de M. Loubet, en buste, gravé à l'eau-forte par H. Lefort, 1902. In-folio, en hauteur. . . . . 5 fr.

Belle épreuve, avant la lettre, sur papier du Japon.

LEGROS (Alphonse)

616. Vieillard (Le grand Espagnol) (P. M. 28). In-folio, en hauteur . . . . 30 fr.

Belle épreuve sur papier de Chine.

LEGROS (Alphonse)

617. Portrait de J. Dalou, statuaire (P. M. 41). Petit in-folio, en hauteur. . . . . 50 fr.

Belle épreuve du 5e des 6 états.

618. Portrait de J. Dalou, statuaire (P. M. 49). Petit in-folio, en hauteur. . . . . 150 fr.

Belle épreuve d'une pièce rare, tirée à 6 épreuves.

619. Le Réfectoire (P. M. 55). In-folio, en largeur . . . . 50 fr.

Très belle épreuve, avant la lettre, grandes marges.

620. Le Manège (P. M. 75). In-folio, en larg. 10 fr.

Belle épreuve, avec marges.

LE MOYNE (d'après F. R.)

621. Hercule et Omphale, gravé par Laurent Cars. In-folio, en hauteur. . . . . 50 fr.

Très belle épreuve, petites marges.

LE PAON (d'après)

622. Revue de la maison du Roi au trou d'Enfer, gravé par J. P. Le Bas. Grand in-fol., en larg. 50 fr.

Belle épreuve du 1er état, avec les armoiries, légères mouillures.

623. La même estampe. . . . . 40 fr.

Belle épreuve, avec les armoiries effacées.

LE PRINCE (d'après)

624. La Lettre envoyée, gravé par N. de Launay. Pièce ovale. In-folio, en hauteur . . . . . . 30 fr.

Très belle épreuve à l'état d'eau-forte pure, avec marges.

625. Le Bonheur du ménage — L'Enfant chéri. Deux pièces se faisant pendants, gravées par N. de Launay. Petit in-folio, en largeur. . . . 50 fr.

Belles épreuves d'un tirage postérieur, petites marges.

626. Le Médecin clairvoyant, gravé par Helman, 1775. In-folio, en hauteur. . . . . 40 fr.

Belle épreuve, à grandes marges.

LE PRINCE (d'après)

627. La Crainte, gravé par N. Le Mire. In-folio, en largeur . . . . 100 fr.

Belle épreuve, avec marges, pli.

LOUIS (d'après)

628. Vue perspective de la salle de spectacle de Bordeaux, gravé par Volciani. In-folio, en largeur . . . . 20 fr.

Belle épreuve, avec marges.

LOUTHERBOURG

629. La bonne petite sœur, dessiné et gravé par P. J. Loutherbourg. Petit in-folio, en haut. . 30 fr.

LOUTHERBOURG (d'après P. J.)

630. Le Four à chaux, gravé par N. de Launay. In-folio, en largeur. . . . . 25 fr.

Belle épreuve, avec marges.

MANET (Édouard)

631. Les Gitanos. In-folio, en hauteur. . . . 20 fr.

MANTEGNA (Andréa)

632. Le Sénat de Rome accompagnant un triomphe (B. 11). In-folio, en hauteur. . . . . . 150 fr.

Belle épreuve tirée en bistre, épidermée.

633. Les Éléphants portant des torches (B. 12). In-folio, en hauteur. . . . . 150 fr.

Belle épreuve imprimée en bistre, doublée et restaurée.

MARC-ANTOINE

634. Les trois Grâces, d'après un bas-relief antique (B. 340). In-folio. de forme cintrée dans le haut . . . . 40 fr.

635. Cupidon et les Trois Grâces, d'après Raphaël, Palais de Ghigi (B. 344). In-folio, en haut. 50 fr.

Belle épreuve restaurée, collection Scheikevitch.

MARC-ANTOINE

636. Mars, Vénus et l'Amour, d'après Mantegna (B. 345). In-folio, en hauteur. . . . . 50 fr.

Belle épreuve, collection Scheikevitch.

637. Trajan entre la ville de Rome et la Victoire, d'après un des bas-reliefs de l'arc de Constantin (B. 361). In-folio, en largeur. . 50 fr.

Belle épreuve. Collection Scheikevitch.

638. La Cassolette (B. 489). In-folio, en haut. 300 fr.

Très belle épreuve, remargée.

MARTIAL

639. L'Ancien Paris, 300 eaux-fortes. *Paris*, 1843-1866, 3 vol. in-fol., en portef. *(Très rare)*. . 400 fr.

Ce recueil d'eaux-fortes de Adolphe-Martial Potémont, connu sous le nom de Martial, n'a été tiré qu'à 80 exemplaires. La 1re de ces eaux fortes a été faite en 1843 et la dernière en 1866. — Martial, qui était Parisien, nous montre le Paris de cette époque et le Paris antérieur, dont beaucoup de monuments sont aujourd'hui disparus, comme les maisons qu'habitèrent le général Bonaparte, Tallien, Lavoisier, Béranger ; la prison de la Force, l'Hôtel des Haricots, le boulevard du Temple et ses théâtres, etc., etc. Mais la partie la plus significative de l'œuvre de cet artiste c'est l'aspect de ces petites rues de l'ancien Paris : les rues du Grenier sur l'eau, Rollin-prend-gage, au Lard, Mondétour, de la Masure, aux Fèves, des Cargaisons, etc., etc.

MASSÉ (J. B.)

640. Antoine Coypel, peintre du roi, d'après lui-même, 1717. In-folio, en hauteur. . . . . 15 fr.

Belle épreuve avec marges.

MASSON (Antoine)

641. Portrait de Louis XIV, roi de France, d'après Charles Le Brun (R. D. 43). In-folio, en hauteur. . . . . 60 fr.

Belle épreuve; petites marges.

MEISSONNIER (d'après J. A.)

642. Crucifix dans un cadre orné, gravé par P. Aveline. Petit in-folio, en hauteur. . . . . 20 fr.

MERCIER (d'après)

643. La belle dormeuse, gravé par J. J. Avril. In-folio, en largeur. . . . . 80 fr.

Très belle épreuve, petites marges; quelques taches.

MERYON (Charles)

644. Entrée du faubourg Saint-Marceau à Paris, d'après Zeeman (D. 10). Petit in-folio, en largeur. 30 fr.

Belle épreuve avec marges, sur japon.

645. Le Petit Pont (D. 24). Petit in-fol., en haut. 400 fr.

Très belle épreuve du 4e des 6 états, avant la lettre; petites marges.

646. Saint-Étienne-du-Mont. (D. 30). In-folio, en hauteur . . . . 150 fr.

Très belle épreuve du 4e des 8 états, sur papier vergé, à grandes marges.

647. La Pompe Notre-Dame (Loys Delteil 31). Petit in-folio, en largeur. . . . . 200 fr.

Très belle épreuve avant la lettre, petites marges.

648. La même estampe. . . . . 40 fr.

Belle épreuve sur papier de Chine du 7e des 9 états décrits, avant le changement de lettre et avant le numéro.

649. Le Pont-au-Change (D. 34). In-folio, en largeur. . . . . 350 fr.

Très belle épreuve du 10e des 11 états, à grandes marges.

650. La rue Pirouette aux Halles (D. 49). Petit in-4°, en hauteur. . . . . 120 fr.

Très belle épreuve du 3e état (tiré à 20 épreuves); grandes marges.

651. La même estampe. . . . . 60 fr.

Belle épreuve du 5e des 6 états, sur papier de Chine, à grandes marges.

652. Vue à vol d'oiseau du Collège Henri IV, prise du sommet du Panthéon, 1864. Eau-forte in-folio, en largeur. . . . . 25 fr.

Belle épreuve du 7e des 8 états décrits, avant le changement dans la légende.

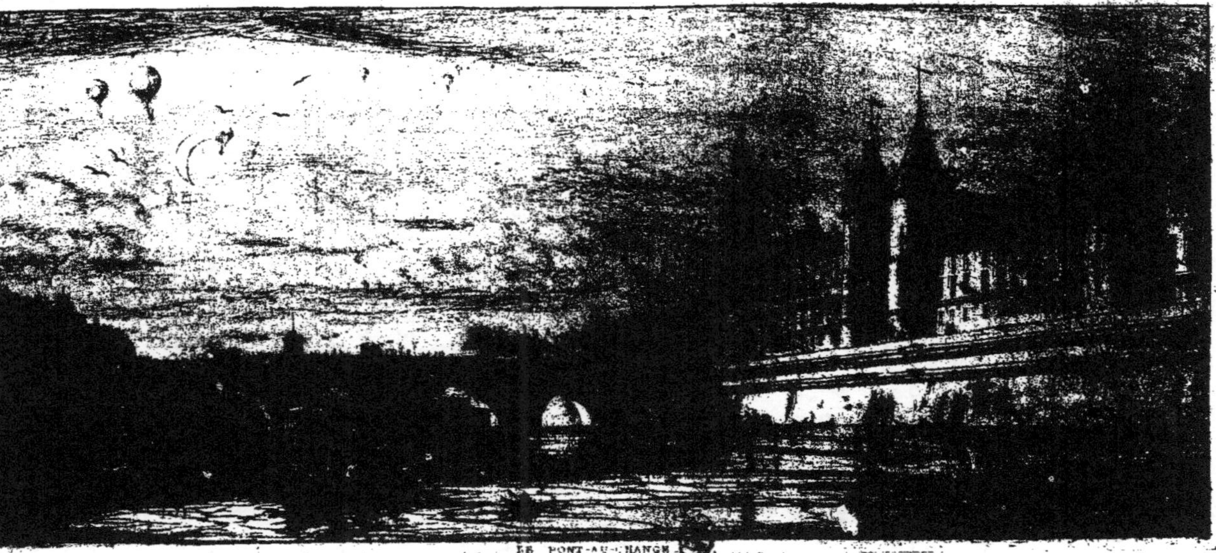

LE PONT-AU-CHANGE

N° 649

MICHEL (J. B.)

653. Pierre-Louis Dubus de Préville, comédien français, 1767. In-folio, en hauteur. . . . . 20 fr.

Belle épreuve à grandes marges.

MIGER (Simon-Charles)

654. Louis Michel Van Loo, peintre, d'après lui-même, 1779. In-folio, en hauteur. . . . . 12 fr.

655. Carle Van Loo, d'après L. M. Van Loo, 1771. Petit in-folio, en hauteur. . . . . 5 fr.

MOREAU LE JEUNE (d'après J. M.)

656. Memnon ou l'Écueil du sage, gravé par Vidal. In-folio, en hauteur. . . . . 40 fr.

Belle épreuve, petites marges.

MORGHEN (Raphael)

657. Loth et ses filles, d'après le Guerchin. Grand in-folio, en largeur. . . . . 10 fr.

Très belle épreuve, avec marges.

658. Diane au milieu de ses compagnes, d'après Le Dominiquin. Grand in-fol. en largeur. . 8 fr.

Belle épreuve, petites marges.

MOYREAU (Jean)

659. Jean Moyreau, graveur du roi, d'après Nonotte, 1749. In-folio, en hauteur. . . . . . . 12 fr.

MULLER (J. G.)

660. Louis Léramberg, sculpteur du roi, d'après Belle, 1776. In-folio, en hauteur. . . . . . . 10 fr.

Belle épreuve avec marges.

NANTEUIL (R.)

661. Portrait de Jean Chapelain, membre de l'Académie Française (R. D. 60). Petit in-folio en hauteur. . . . . 150 fr.

Très belle épreuve du 1er état; petites marges. Le verso de l'estampe a des taches de peinture.

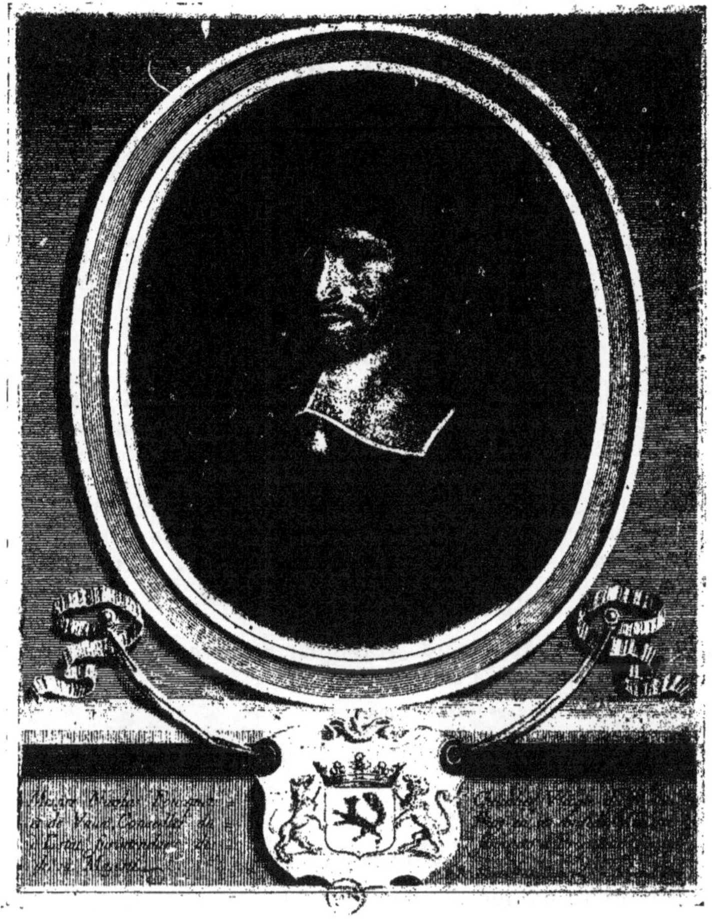

N° 663

NANTEUIL (R.)

662. Portrait de Bernard de Foix de la Valette, duc d'Espernon (R. D. 91). Petit in-folio en hauteur. . . . . 80 fr.

Très belle épreuve du 1er état, avant la date et avant l'inscription dans la bordure; sans marges.

663. Portrait de Nicolas Foucquet, surintendant des Finances (R. D. 98). In-folio en haut. 300 fr.

Très belle épreuve du 5e des 6 états décrits. Petites marges.

NANTEUIL (R.)

664. Portrait de Jean Loret, poète (R. D. 150). In-4°, en hauteur. . . . . 100 fr.

Très belle épreuve, sans marges.

NATALIS (M.)

665. Saint Bruno en prières, d'après Bertholet. Grand in-folio en hauteur. . . . . 10 fr.

Belle épreuve, doublée, montée en dessin.

NIEL (Gabrielle)

666. Eaux-fortes sur le vieux Paris : Restes gothiques de l'Hôtel-Dieu, Ancienne École de Médecine, Abside de Saint-Julien-le-Pauvre, Parvis Notre-Dame, Cour Charlemagne, Palais abbatial de Saint-Germain-des-Prés, l'Hôtel Lambert, etc. 13 pièces in-folio, dans les couvertures de publication. . . . . 25 fr.

OUDRY (d'après J. B.)

667. La Surprise du renard, gravé par Beauvarlet. Petit in-folio, en largeur . . . . 20 fr.

Belle épreuves sans marges.

668. Chasse au cerf, gravé par N. C. Silvestre. In-folio, en largeur. . . . . 25 fr.

Tirage postérieur.

PANINI (d'après J. P.)

669. Ruines romaines, gravé par F. Vivarez. In-folio, en hauteur . . . . 50 fr.

Belle épreuve, avec marges.

PANINI (d'après Francesco)

670. Vues de monuments antiques ou d'intérieurs de palais d'Italie. 4 pièces grand in-folio, en largeur, gravées par Volpato, Vasi, Ottaviani, Capellan . . . . 40 fr.

PARIS

671. Vue de l'Église Sainte-Geneviève, 1781, gravé par Poulleau, d'après Lequeu. In-folio en hauteur. . . . . 12 fr.

PARROCEL (d'après)

672. Halte des gardes suisses, gravé par J. P. Le Bas. In-folio en largeur. . . . . 30 fr.

Belle épreuve, sans marges.

PERRIER (François)

673. Simon Vouet, peintre. In-folio, en haut. 10 fr.

Belle épreuve, avec marges.

PESNE (Jean)

674. Nicolas Poussin, peintre. In-fol., en haut. 15 fr.

PICART (Bernard)

675. Roger de Piles, critique d'art. 1704. Petit in-folio, en hauteur. . . . . 5 fr.

PIERRE (d'après)

676. Le galant Jardinier, gravé par de F***. In-folio en hauteur. . . . . 30 fr.

Belle épreuve, à grandes marges, piqûres.

677. Marché au poisson — Marché aux légumes. Deux pièces se faisant pendants, gravées par Pelletier. In-folio, en hauteur . . . . 30 fr.

Belles épreuves, à toutes marges.

PIRANESI

678. Veduta di Campo Vaccino. In-fol., en larg. 20 fr.

Belle épreuve, avec marges.

679. Teatro di Marcello. In folio, en largeur. 15 fr.

Belle épreuve, avec marges.

680. Veduta di Piazza di Spagna. In-folio, en largeur . . . . 15 fr.

Belle épreuve, avec marges.

POILLY (J. B.)

681. François de Troy, peintre du roi, d'après lui-même, 1714. In-folio, en hauteur. . . 15 fr.

Belle épreuve, à grandes marges.

POUSSIN (d'après Nicolas)

682. Fête de Bacchus, gravé à Rome par Jean-Henri Lips, 1786. Grand in-folio, en largeur. 10 fr.

Belle épreuve, sans marges, montée en dessin.

POUSSIN (d'après Gaspard)

683. Paysages, gravés par Pierre Parboni. Deux pièces grand in-folio, en largeur. . . . . 10 fr.

Epreuves, avec marges, piquées.

PRUD'HON (P. P.)

684. Réunion de 104 pièces de divers formats lithographiées ou gravées par lui-même ou par Boilly, Sirouy, Aubry-Lecomte, Le Roux, Grevedon, Bellenger, Roger, Copia, Debucourt, etc. In-folio, en portef. . . . . 650 fr.

Très belles épreuves, dont plusieurs avant la lettre, en parfait état de conservation *(Collection Valentin)*. On remarque dans cette collection :

L'Enfant au chien (le fils du maréchal Gouvion-Saint-Cyr), belle épreuve avant l'adresse — Une famille malheureuse, lithographie de Prud'hon, d'après le tableau exposé au Salon de 1822 — Un dessin d'après le même tableau — 2 épreuves de l'Enlèvement d'Europe, eau-forte non-terminée — Les Amours de Phrosine et Mélidore, avant le titre — 2 portraits lithographiés de Prud'hon, etc.

685. Le Triomphe de Napoléon. Lithographie. Grand in-folio, en largeur. . . . . 10 fr.

Belle épreuve sur papier de Chine, avec marges, déchirures.

RAPHAEL (d'après)

686. Le pape Léon X, avec les cardinaux de Médici et de Rossi, gravé par Jési. Grand in-folio. en hauteur. . . . . 10 fr.

Très belle épreuve, avant la lettre, sur papier de Chine, signée.

REMBRANDT

687. Rembrandt et sa femme (B. 19). In-8. . 200 fr.

Très belle épreuve.

REMBRANDT

688. Abraham avec son fils Isaac (B. 34). In-4, en hauteur . . . . 150 fr.

Très belle épreuve.

689. Le Retour de L'Enfant prodigue (B. 91). In-4, en hauteur. . . . . 25 fr.

Bonne épreuve.

690. Le Persan (B. 152). In-8, en haut. . . . . 40 fr.

Belle épreuve, légèrement rognée.

691. Janus Silvius, ministre d'Amsterdam (B. 266). In-4, en haut. . . . . 30 fr.

Bonne épreuve.

692. Le Docteur Faustus (B. 270). In-4, en haut. 70 fr.

Bonne épreuve.

693. Abraham Frantz (B. 273). In-4, en larg. 150 fr.

Très belle épreuve, avant les dernières retouches.

RODIN (Auguste)

694. Printemps. Pointe sèche. In-8, en haut. 20 fr.

Belle épreuve, avec marges.

ROMANET (A.)

695. Jean Grimoux, peintre, d'après lui-même, 1765. In-4°, en hauteur. . . . . 5 fr.

ROUSSEAU (THÉODORE)

696. Chênes de roches (Delteil 4). In-8°, en largeur. . . . . 25 fr.

Belle épreuve, avec marges.

ROUSSEAUX (E.)

697. Portrait de Mme de Sévigné, d'après R. Nanteuil. In-fol., en haut. . . . . 80 fr.

Superbe épreuve, avant la lettre, sur papier de Chine.

RUBENS (d'après)

698. Chasse au lion, gravé par Leeuw. Grand in-folio en largeur . . . . 20 fr.

Trés belle épreuve.

SAINT-AUBIN (Augustin de)

699. Rodolphe Perronet, architecte, d'après C. N. Cochin, 1782. In-folio, en hauteur. . . . 20 fr.

Belle épreuve, avec marges.

SALMON (Ad.)

700. Portrait de dom Marie-Joseph de Geramb, procureur général de l'ordre de la Trappe, à mi-corps, dessiné et gravé par Salmon, 1839. Grand in-folio, en hauteur. . . . . 5 fr.

SCHALCKEN (d'après G.)

701. Le Sommeil, gravé à la manière noire, par John Smith. In-4°, en hauteur. . . . . 20 fr.

SCHIAVONETTI (L.)

702. The Memorable Adress of Lewis the Sixteenth at the Bar of the National Convention, d'après W. Miller, 1796. Grand in-folio, en largeur. 50 fr.

Très belle épreuve, à grandes marges.

SCHMIDT (Georges-Frédéric)

703. Maurice Quentin de la Tour, peintre du roi, d'après lui-même, 1772. Petit in-fol. en haut. . 15 fr.

Bonne épreuve, un peu épidermée.

SHARP (William)

704. William Sharp, graveur, d'après G. F. Joseph, 1819. In-folio, en hauteur. . . . . . . 10 fr.

Belle épreuve, à grandes marges.

SILVESTRE (Israël)

705. Vue perspective de Saint-Pierre de Rome et de ses environs, 1652. Grand in-fol. en larg. 8 fr.

SILVESTRE (Suzanne)

706. Jean Nocret, peintre du roi, d'après lui-même. In-folio, en hauteur. . . . . 20 fr.

SPOETT (F. J.)

707. Gérard Edelinck, graveur du roi, d'après J. Vivien, 1708. In-4°, en hauteur. . . . . 10 fr.

STORM DE GRAVESANDE (Charles)

708. Hambourg. Lithographie in-fol. en larg. 40 fr.

Très belle épreuve, signée.

SURUGUE (Louis)

709. Joseph Christophe, d'après Drouais, 1735. In-folio, en hauteur . . . . 12 fr.

Belle épreuve, avec marges.

710. René Fremin, sculpteur du roi, d'après La Tour, 1747. In-folio, en hauteur. . . . . . . 10 fr.

THOMASSIN (S. H.)

711. Jean Thierry, sculpteur du roi, d'après N. Largillière. In-folio, en hauteur. . . . . . . 10 fr.

TOPOGRAPHIE

712. Vues de Belgique : Panoramas de Bruxelles, Bruges, Gand, Liége, Malines, Namur, etc. 7 p. in-folio, en largeur. . . . . 100 fr.

Belles épreuves coloriées de curieuses vues publiées à Cologne vers 1840.

TOUPEY (A.)

713. Portrait d'homme, d'après Jean Fouquet, galerie de Son Altesse Jean II de Liechtenstein. Lithographie in-folio, en hauteur. . . . . . 50 fr.

Belle épreuve, signée.

714. Le baron Guillaume de Montmorency. Lithographie in-folio, en hauteur. . . . . 50 fr.

Belle épreuve signée (d'après un tableau du XVIe siècle, Musée du Louvre).

715. Charles Orland, dauphin de Charles VIII, roi de France, âgé de 26 mois, 1494, d'après un tableau attribué à Bourdichon (Exposition des Primitifs français). Lithographie grand in-4°, en hauteur. . . . . 50 fr.

Belle épreuve, signée.

716. Enfant en prière, d'après un tableau de l'école française du XVe siècle : musée du Louvre. Lithographie petit in-folio, en hauteur. . . . 30 fr.

Belle épreuve sur papier de Chine, signée.

TROUVAIN

717. Jean Pesne, peintre et graveur, d'après lui-même, 1698. In-folio, en hauteur. . . . . . . 12 fr.

VAN DYCK (d'après)

718. Portrait de l'infante Isabelle, à mi-corps, en costume de religieuse, gravé par J. Levasseur, 1868, d'après le tableau du Louvre. In-folio, en hauteur. . . . . 10 fr.

Belle épreuve, avant la lettre, sur papier de Chine.

VAN LOO (d'après C.)

719. Le Triomphe de Silène, gravé par L. Lempereur. In-folio, en largeur. . . . . 30 fr.

Belle épreuve, petites marges.

720. Étude d'un tableau pour la chapelle du roi (jeune femme agenouillée devant un tombeau), gravé à la manière du crayon par Louis Bonnet. In-folio, en hauteur. . . . . 25 fr.

Belle épreuve imprimée en sanguine, avec marges.

721. Étude d'un jeune homme présentant un plateau, gravé à la manière du dessin par Demarteau aîné. In-folio, en hauteur . . . . 20 fr.

Belle épreuve imprimée en sanguine.

VÉLASQUEZ (d'après)

722. Portrait du pape Innocent X, à mi-corps, assis dans un fauteuil, gravé par Dézarrois. Grand in-folio, en hauteur . . . . 20 fr.

Très belle épreuve, avant la lettre, sur papier du Japon, signée.

VERNET (d'après Joseph)

723. La ville et la rade de Toulon, gravé par C. N. Cochin fils et Le Bas. Grand in-folio en largeur. . . . . 30 fr.

Épreuve coloriée.

724. Les Pêcheurs florentins, gravé par Anne-Philiberte Coulet. In-folio, en hauteur. . . . . . 20 fr.

Belle épreuve à grandes marges.

VERNET (d'après Joseph)

725. Le Vaisseau en radoubement, Basan excudit. In-folio, en largeur . . . . 20 fr.

Très belle épreuve, à grandes marges.

VERNET (d'après Horace)

726. Étienne Denis, duc Pasquier, chancelier de France, gravé par Achille Martinet. Grand in-folio, en hauteur . . . . 15 fr.

Très belle épreuve, avant la lettre, sur papier de Chine.

727. Le même portrait . . . . 8 fr.

Belle épreuve, avec la lettre, sur papier de Chine.

728. Portrait du frère Philippe, supérieur général des Frères des écoles chrétiennes, en pied, assis dans sa cellule, gravé par Sixdeniers. Grand in-folio. en hauteur . . . . 20 fr.

Belle épreuve, signée par le frère Philippe.

VICO (Enée)

729. Vulcain et ses cyclopes forgeant des flèches pour les amours, d'après François Primatice (B. 31). In-folio, en largeur . . . . 10 fr.

Belle épreuve, remargée.

WATTEAU (d'après Antoine)

730. La Collation, gravée par J. Moyreau. In-folio en hauteur . . . . 300 fr.

Très belle épreuve ; marges.

731. Louis XIV, mettant le Cordon bleu à M. de Bourgogne, père de Louis XV, gravé par N. de Larmessin. In-folio en largeur . . . . . 150 fr.

Très belle épreuve, petites marges. Collection Scheikevitch.

732. Personnages de la Comédie italienne dans un parc. In-folio, en largeur . . . . 30 fr.

Belle épreuve, sans marges.

733. La Signature du contrat de la Noce de Village, gravé par Antoine Cardon. Grand in-folio, en largeur . . . . 20 fr.

Tirage postérieur.

WILKIE (d'après David)

734. The blind Fiddler. Alfred in the neatherd's Cottage. Deux pièces grand in-folio, se faisant pendants, gravées par John Burnett et James Mitchell . . . . 30 fr.

Très belles épreuves, sans marges, montées en dessins.

WILLE (Jean-Georges)

735. Le Sapeur des gardes-suisses, 1779. In-4° en hauteur. . . . . 50 fr.

Très belle épreuve, avant la lettre, avec marges.

WINTERHALTER (d'après P.)

736. Portraits de Léopold, roi des Belges, et de Louise-Marie d'Orléans, son épouse, en pied, lithographiés par Léon Noël et Grevedon, 1844. Grand in-folio, en hauteur . . . . 10 fr.

Belles épreuves sur papier de Chine.

ZUCCHI (Andrea)

737. Le Triomphe de la Foi, d'après le Titien. Gravure sur bois en forme de frise, mesurant 2m60 sur 0m40. 40 fr.

Pièce très rare, doublée.

FRAZIER-SOYE
GRAVEUR-IMPRIMEUR
153-155-157, Rue Montmartre
PARIS

www.ingramcontent.com/pod-product-compliance
Lightning Source LLC
LaVergne TN
LVHW010007230826
846092LV00002B/693
* 9 7 8 2 3 2 9 5 0 7 5 1 4 *